TRANS

ACUÁTICO

Pequeña Enciclopedia para Colorear

TRANSPORTE ACUÁTICO

Pequeña Enciclopedia para Colorear

TRANSPORTE

Podemos decir que el transporte es un vehículo o método utilizado para llevar personas, animales o cosas de un lugar a otro. Los tipos de transporte pueden clasificarse como terrestres, aéreos y acuáticos.

TRANSPORTE ACUÁTICO

El transporte acuático es cuando las cosas y las personas viajan por el agua como peces gigantes. La gente utiliza el transporte acuático para caminar por encima o por debajo del agua en ríos, lagos u océanos. Es como si el agua se convirtiera en una autopista mágica para llegar a lugares divertidos y llenos de sorpresas.

LANCHA

    ¡Una lancha es un barco pequeño y rápido que puede navegar en el agua como un pez veloz! Es como tener un coche en el agua, pero en lugar de ruedas, tiene hélices o motores potentes que lo hacen deslizarse rápidamente sobre las olas. ¡Las personas usan lanchas para pasear en lagos, ríos e incluso en el mar, sintiendo la brisa fresca y disfrutando de la sensación de libertad en el agua!

YATE

Un yate es un barco grande y lujoso. Tiene muchas habitaciones hermosas para que las personas duerman, una cocina para hacer comida deliciosa e incluso una sala de estar para relajarse y jugar. Los yates se pueden usar para navegar por el mar en viajes increíbles, con la oportunidad de ver delfines nadando y pájaros volando en el cielo azul. ¡Es como tener una mansión flotante para vivir emocionantes aventuras en el mar!

CRUCERO

Un crucero es como un hotel gigante que flota en el mar. Tiene muchas habitaciones, restaurantes, piscinas para nadar e incluso juguetes divertidos como toboganes y toboganes acuáticos. Las personas van en cruceros para vacaciones increíbles, conociendo muchos lugares diferentes mientras se divierten mucho en el barco. ¡Es como tener una gran fiesta y una aventura emocionante al mismo tiempo en el mar!

BARCO DE CARGA

Un barco de carga es un barco grande que transporta muchas cosas por mar. Lleva cosas como juguetes, ropa, comida e incluso coches en grandes cajas llamadas contenedores. ¡Imagina un barco gigante llevando un montón de juguetes y meriendas, como un gran cofre mágico viajando por el océano!

REMOLCADOR

Un remolcador es un barco pequeño y fuerte que ayuda a otros barcos a moverse entre el mar y el puerto. Es como un superhéroe del mar que ayuda a los barcos grandes a llegar a los lugares correctos. El remolcador tiene un motor potente y cuerdas grandes llamadas cables para tirar de los barcos más grandes. Es como el amigo fuerte que ayuda a empujar un carrito de juguete a un lugar divertido en el parque.

BALSA

Una balsa es un tipo de barco grande y resistente que transporta personas, autos e incluso otros tipos de vehículos de un lado a otro de un cuerpo de agua, como un río o mar. Es como un puente flotante grande que puede llevar muchas personas a la vez a diferentes lugares. A la gente le gusta viajar en balsa porque es una forma divertida de cruzar el agua, ver paisajes hermosos y sentir la brisa fresca del mar o del río.

ROMPEHIELOS

Un rompehielos es un barco grande y resistente que puede abrirse paso a través del hielo en el mar. Ayuda a otros barcos a moverse de manera segura por aguas heladas, ¡como un superhéroe del mar! El rompehielos tiene un casco poderoso y características especiales para romper y apartar el hielo, abriendo paso para otros barcos. Es como un explorador gigante del hielo asegurando que los barcos puedan navegar sin problemas en mares helados.

AEROBARCO

Un aerobarco es un barco especial que puede deslizarse sobre el agua casi como si estuviera volando. Tiene una gran hélice en la parte trasera que lo impulsa a través del agua. Los aerobarcos son muy geniales porque pueden ir a lugares a los que otros barcos no pueden llegar, como pantanos y áreas llenas de plantas.

VELERO

Un velero es un barco que utiliza el viento para moverse. Tiene grandes telas coloridas llamadas velas, que son como alas de mariposa que atrapan el viento y empujan el barco a través del agua. ¡Los veleros son muy geniales porque pueden viajar por el mar sin necesidad de motores ruidosos; es como barcos mágicos que se deslizan sobre las olas solo con el poder del viento!

JANGADA

Una jangada es un barco simple hecho de troncos o tablones atados juntos. Tiene una vela grande que atrapa el viento para mover la embarcación a través del agua. Las jangadas son utilizadas por pescadores para capturar peces en el mar. Son divertidas para navegar y pueden llevar a las personas en emocionantes aventuras en aguas tranquilas.

CASA FLOTANTE

Una casa flotante es una casa construida sobre una plataforma flotante, ¡diseñada para flotar en el agua! Es una casa completa, con dormitorios, cocina, baño y sala de estar. Es una opción divertida e interesante para aquellos que desean un estilo de vida aventurero más cercano a la naturaleza. Y puedes llevar tu casa entera a diferentes lugares, navegando por ríos y lagos.

CANOA

Una canoa es un barco pequeño y ligero, generalmente hecho de madera o plástico resistente. Tiene una forma alargada y está abierta, sin techo. Las personas usan remos para remar la canoa en el agua, ya sea en ríos tranquilos o en lagos tranquilos. Es como un coche para el agua, donde puedes remar sentado y explorar lugares hermosos y tranquilos en la naturaleza. Las canoas son ideales para viajes relajantes y para observar animales y plantas acuáticas mientras te diviertes en el agua.

CANOA HAWAIANA

    Una canoa hawaiana es un tipo especial de canoa tradicional utilizada en Hawái. Está hecha de madera o materiales modernos como fibra de vidrio y tiene un diseño largo y elegante. Las canoas hawaianas se utilizan para remar en las aguas tranquilas y cristalinas del océano, a menudo por equipos de personas que reman juntas en sincronía. Es como ser parte de una aventura acuática en equipo, donde se puede sentir la brisa del mar y explorar la belleza de la naturaleza mientras se divierten remando en el agua.

GÓNDOLA

Una góndola es un tipo especial de barco utilizado en Venecia, Italia. Tiene una forma larga y estrecha, y está pintada de colores bonitos como el negro y el dorado. La góndola tiene a una persona llamada gondolero que la rema usando un remo especial llamado 'forcola'. Las personas pueden disfrutar de paseos divertidos en góndolas por los canales de Venecia, viendo edificios antiguos, alimentando pájaros e incluso escuchando canciones bonitas que el gondolero puede cantar. ¡Es como dar un paseo mágico en barco en una ciudad llena de agua e historia!

BOTE SALVAVIDAS

Un bote salvavidas es un tipo especial de barco utilizado para salvar personas en situaciones de emergencia en el mar. Está diseñado para flotar en el agua y tiene espacio para varias personas. Los botes salvavidas son coloridos y tienen una señal de socorro para que las personas puedan verlos fácilmente si necesitan ayuda. Son muy importantes porque pueden rescatar a personas que están en peligro en el océano, como marineros en barcos o personas que están nadando y necesitan asistencia. ¡Los botes salvavidas son como héroes de los mares, listos para ayudar y mantener a todos seguros en el agua!

KAYAK

Un kayak es un bote pequeño y divertido que parece una canoa, pero es más cerrado y tiene un lugar especial para que una persona se siente. ¡Es como un auto de carreras para el mar! Las personas usan remos para remar el kayak en el agua, explorando ríos, lagos e incluso el océano. Es como un paseo emocionante y divertido en el agua, donde puedes ver peces, pájaros y otras cosas geniales mientras remas. ¡El kayak es perfecto para divertirse y explorar nuevos lugares acuáticos!

BARCO A REMO

Un barco a remo es un tipo de embarcación que las personas utilizan remos para desplazarse en el agua. Los remos son grandes y fuertes, y las personas los usan para empujar el agua y hacer que el barco avance. Las personas utilizan los barcos a remo para paseos divertidos o para practicar deportes.

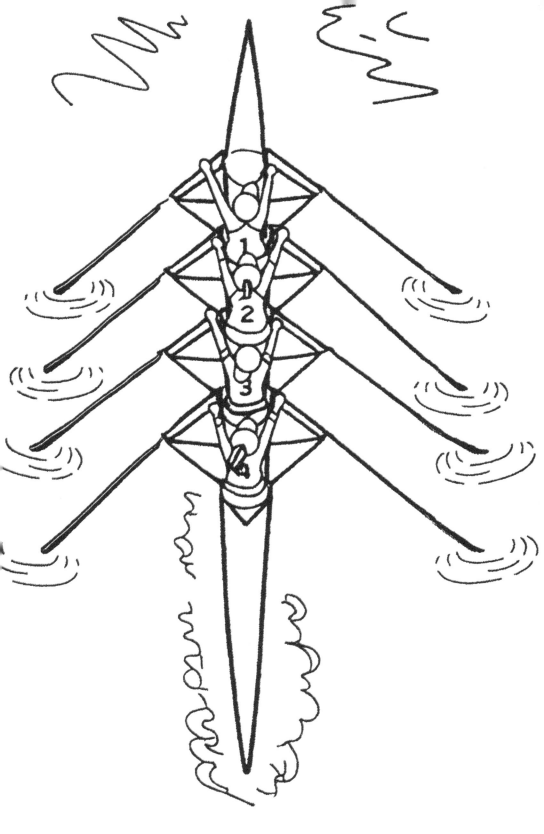

BARCA A PEDALES

Una barca a pedales es un bote pequeño y divertido que puedes pedalear como si estuvieras montando una bicicleta. Tiene una rueda grande o pedales en la parte delantera que usas tus pies para mover. ¡Es como tener una bicicleta en el agua! Las barcas a pedales se encuentran generalmente en lagos o ríos tranquilos. Son geniales para dar un paseo relajante con amigos o familia, disfrutando del sol y del agua.

TABLA DE SURF

Una tabla de surf es como una gran tabla mágica y colorida que flota en el agua. Las personas usan esta tabla para deslizarse sobre las olas del mar, como si estuvieran bailando en el agua. Es como una alfombra mágica que lleva a las personas en una emocionante aventura por el mar, haciendo maniobras increíbles y divirtiéndose mucho.

TABLA DE PADDLE SURF

La tabla de paddle surf es un tipo de tabla grande y ancha que las personas usan para remar en el agua. Es similar a una tabla de surf, pero es más ancha y tiene espacio para estar de pie. Con la tabla de paddle surf, puedes remar en el agua mientras estás de pie, como dando un paseo divertido en el mar o en un lago. ¡Es una forma genial y emocionante de divertirse en el agua!

TABLA DE WINDSURF

Una tabla de windsurf es como un barquito mágico grande con una vela colorida. La gente usa esta tabla para navegar en el mar, dejando que el viento empuje la vela y los lleve hacia adelante. ¡Es como volar sobre las olas del mar, haciendo trucos geniales y divirtiéndose mucho!

JETSKI

Un jetski es como un juguete mágico que flota en el agua y puede ser conducido por las personas. Es como un caballito de mar súper rápido que se desliza sobre el agua, haciendo giros divertidos e incluso pequeños saltos. ¡Las personas usan jetskis para jugar y divertirse en lagos y en el mar, sintiendo la emoción de montar un vehículo acuático rápido!

ESQUÍS ACUÁTICOS

Los esquís acuáticos son como zapatos especiales que las personas usan en sus pies para deslizarse sobre el agua. Están diseñados para ser utilizados mientras se está de pie sobre el agua, como si se estuviera bailando en la superficie. Los esquís acuáticos son largos y estrechos, como tablas mágicas que permiten deslizarse sobre el agua como si fuera una pista de baile muy divertida. Las personas usan esquís acuáticos en lagos y ríos para divertirse y refrescarse en los días calurosos de verano. ¡Es como hacer un baile especial sobre el agua!

SUBMARINO

Un submarino es un tipo especial de barco que puede ir debajo del agua como un pez gigante. Tiene una forma larga y redonda, como un tubo, y dentro de él hay muchas salas y controles. Los submarinos se usan para explorar el fondo del mar y ver criaturas marinas increíbles como delfines, peces coloridos e incluso pulpos. Los submarinos también ayudan a los científicos a estudiar el océano y descubrir cosas nuevas sobre nuestro planeta. ¡Es como hacer una aventura mágica en el mundo submarino!

SCOOTER SUBACUÁTICO

Un scooter subacuático es un juguete especial que las personas usan para moverse debajo del agua como si estuvieran volando. Es como una motocicleta pequeña que funciona bajo el agua. ¡Es muy divertido porque puedes ver peces coloridos y otras cosas geniales mientras te mueves en el agua con el scooter subacuático!

EQUIPO DE BUCEO

El equipo de buceo es un conjunto especial de cosas que los buceadores utilizan para explorar el fondo del mar, donde viven muchos animales diferentes y plantas coloridas. Este equipo incluye un traje especial, una máscara, aletas y un tanque lleno de aire que los buceadores llevan consigo para poder respirar bajo el agua. Con el equipo de buceo, los buceadores pueden descubrir el mundo mágico del océano y ver peces coloridos, hermosos corales e incluso antiguos naufragios.

BOYA

    Una boya es un juguete colorido e inflable que flota en el agua. ¡Es como tener un amigo en la piscina! Las bóias tienen diferentes formas, como estrellas, unicornios, patos y muchos otros animales y objetos divertidos. Se utilizan para que las personas se diviertan y se relajen en el agua, ya sea en la piscina o en la playa. Puedes sentarte o acostarte en la bóia, agarrarte de las asas y dejar que el agua te lleve en un paseo suave. ¡Es una forma súper divertida de disfrutar del sol y el agua en el verano!

MENSAJE EN UNA BOTELLA

Un mensaje en una botella es una carta especial que se coloca dentro de una botella y se lanza al mar. ¡Es como un tesoro escondido esperando ser descubierto! Las personas escriben mensajes en botellas para contar historias emocionantes, hacer deseos o enviar mensajes de amor y amistad. Cuando alguien encuentra un mensaje en una botella en la playa, es como encontrar un secreto mágico del mar. ¡Es una forma divertida y misteriosa de enviar mensajes a otras personas en lugares distantes!

CONTENIDO

QUIÉNES SOMOS

¡Bienvenido a **Alien.Won.Mars**!

Nuestro objetivo es sencillo: crear libros que ofrezcan aprendizaje a través de divertidas aventuras, estimulando la curiosidad de sus hijos.

Creemos que el aprendizaje debe ser un viaje placentero, por lo que planificamos cuidadosamente cada libro para que sea una experiencia agradable tanto para los niños como para los padres.

Imagine a su hijo embarcándose en emocionantes aventuras con coloridos personajes, explorando nuevos mundos o descubriendo valiosas lecciones por el camino. Nuestros cautivadores libros combinan atractivas historias con conceptos esenciales, convirtiendo el tiempo de juego en tiempo de conocimiento.

Despierte la curiosidad de su hijo por diferentes temas mientras se divierte con vibrantes ilustraciones o adorables personajes.

OTROS LIBROS DE
LA COLECCIÓN

- Transporte Aéreo

- Transporte Terrestre

— IA —

En la creación de nuestros libros, a veces hacemos un uso parcial de la Inteligencia Artificial en la creación de las ilustraciones.

Nuestras imágenes se crean inicialmente con la ayuda de herramientas de Inteligencia Artificial, con un paquete de servicios contratado y bajo licencia, basado en órdenes meticulosamente pensadas para lograr un resultado específico. Tras este borrador inicial generado por la IA, las imágenes se llevan a un software de edición, donde se alteran, mejoran y editan intensamente de forma humana hasta alcanzar sus versiones finales. Es similar al proceso de creación de un artista gráfico, que pasa por numerosos bocetos antes de llegar a la versión final deseada.

Estamos comprometidos con el uso de herramientas de Inteligencia Artificial para apoyar nuestra visión creativa, trabajando intensamente en la edición para mantenernos dentro de los límites éticos del uso de la IA.